AF451817

1787.

Le Cousin et la Cousine,

opéra en 2 actes

par

Sevin Desplasses

musique

de Cimarosa

LE COUSIN

ET

LA COUSINE,

OPÉRA EN DEUX ACTES.

LE COUSIN

ET

LA COUSINE,

OPÉRA EN DEUX ACTES,

Par M. SEVIN DESPLASSES.

La Musique est de M. CIMAROSA.

A NICE,

CHEZ LA SOCIÉTÉ TYPOGRAPHIQUE.

M. DCC. LXXXVII.

Avec permission.

ACTEURS.

DEMOPHON.

LÉANDRE, *fils de Demophon.*

SILVESTRE, *intriguant sous le nom de Dom Pasquinos.*

EMILIE

LAURETTE *jeune intriguante , Cousine de Silvestre.*

DOMESTIQUES *pour les différens Personnages de la Piéce.*

BOHÈMIENS , *Personnages muets.*

UN NOTAIRE.

La Scene est en Espagne devant un vieux Château , aux
portes de la ville de Barcellone.

LE COUSIN
ET
LA COUSINE.

ACTE PREMIER.

Le Théâtre représente une place servant de promenade entourée d'arbres ; on voit à la seconde coulisse, à droite, en face du Spectateur, un Château antique, mais qui annonce un Fief considérable ; vis-à-vis, à l'extrémité du Théâtre, on apperçoit le coin d'une Maison ; devant la porte du Château, à la premiere coulisse, sont placés deux arbres & deux petites tables de pierre un peu séparées l'une de l'autre.

SCENE PREMIERE.

SILVESTRE ET LAURETTE.

DUO ET QUATUOR,

SILVESTRE.

Allons, ma chere, allons, courage,
Par ton esprit, par ton talent
Tu pourras, dans un moment,
Faire un riche mariage ;
    Avec adresse,
    Avec finesse,
Il faut bien nous accorder,
Je saurai te seconder.

(1) Pendant la ritournelle, Silvestre, en habit Espagnol, & Laurette en petite robe du matin, mais coeffée, avancent tous les deux à pas lents, observent la porte du Château.

A

LAURETTE.

A tromper un imbécille,
Tu me verras fort habile ;
Toi , dispose
Toute chose :
Il faut bien nous accorder ,
Je saurai te seconder.

SILVESTRE.

Mais je crois déjà l'entendre.

LAURETTE.

Il va se laisser surprendre. (1)

SILVESTRE ET LAURETTE.

Voi donc , comme il a l'air tendre,
C'est un charme assurément :
Observons tout , un moment.

SCENE II.

Les Acteurs précédents.

LÉANDRE *habillé richement , mais d'un goût ridicule ;
il s'avance à pas lents sur le bord du Théâtre d'un air
pensif , mais très-satisfait.*

LÉANDRE.

Avec cette tournure ,
Avec cette parure ,
Et ce joli maintien ;
Je puis , sans craindre rien ,
Former un doux lien :
Que mon ame est contente !
Je vais , dans un moment , recevoir mon amante.
Avec ma belle humeur ,
Cette épouse charmante
Partagera mon bonheur ,
Et je saurai me conserver son cœur.

(1) Ici la porte s'ouvre , Léandre ne paroît point encore ; il n'est
apperçu que par les personnages qui s'éloignent peu à peu vers le
fond du Théâtre.

SCENE III.

Les Acteurs précédents , DEMOPHON.

Léandre conserve son air satisfait en lui-même, Demophon arrive sur la Scene à pas lents comme Léandre.

DEMOPHON.

JE suis Seigneur & Maître
De cette grande terre ,
Qui va m'appartenir.
C'est un bel héritage ,
Qui me tombe en partage ,
Ah ! combien je vais jouir.

SILVESTRE ET LAURETTE *riant.*

Ah , ah , ah , ah ,
Ils vont, sur ma foi , tomber dans nos lacs.
ah , ah , ah , ah.

DEMOPHON ET LÉANDRE.

Mon fils votre nôce }
Mon pere la nôce } fera grand fracas.

SILVESTRE ET LAURETTE.

Entendons-nous bien ,
Et pour mieux réussir,
Sur-tout, ne négligeons rien .

DEMOPHON.

Mon fils, la future aujourd'hui doit venir.

LÉANDRE.

A la recevoir j'aurai bien du plaisir.
Je prépare une fête ,
A ma noble conquête ;
Je connois mon devoir.

DEMOPHON.

Préparez une fête
A votre conquête ,
Pour la bien recevoir,
C'est votre devoir.

DEMOPHON ET LÉANDRE.

Il faut, pour lui plaire ,
Lui donner un grand bal.

A 2

SILVESTRE ET LAURETTE.
Oui c'est nécessaire
Pour moi ⎫
Pour toi ⎭ c'est un régal.

ENSEMBLE

La fête s'appréte pour bien ⎰me
                            ⎱la te recevoir.

SILVESTRE à *Laurette.*

Va m'attendre à cette maison ; c'est le rendez-vous gé‑
néral ; nos gens ne tarderont pas à s'y trouver ; tu sais ce
dont nous sommes convenus ; tiens-toi prête au premier
signal ; je vais tout observer ; va cousine.

LAURETTE.

Oui , cousin. *Elle sort.*

SCENE IV.

DEMOPHON, LÉANDRE, ET SILVESTRE *caché.*

DEMOPHON.

EH bien, mon fils, tu vois; n'ai-je pas eu une bonne
idée de quitter la Calabre où nous étions misérables , pour
aller à la recherche de mon frere ?

LÉANDRE.

Assurément, mon pere , & depuis quatre ans que nous
avons été le joindre à Lisbonne , il nous a procuré les
moyens de vivre à l'aise , & qui plus est, ne nous a pas
oublié dans son testament.

DEMOPHON.

Va mon fils , s'il ne fût pas mort en Amérique , je suis
sûr qu'il auroit encor mieux fait les choses , il m'étoit
fort attaché.

LÉANDRE.

Mais il étoit bien naturel qu'il songeât aussi à sa femme,
qu'il laissoit sans enfans. Il lui a légué tout le bien qu'il
avoit en Portugal , & nous qui étions accoutumés à voya‑
ger , il nous a donné cette superbe terre qui se trouve en
Espagne près de Barcellone. Il me recommande , à la vé‑

rité, d'épouser la fille de son ami venant de l'Amérique, qui, dit-on, est jeune & jolie; je ne vois pas encore que ce soit une clause qui m'engage à faire casser le testament.

DEMOPHON.

Je vais donc entrer en possession aujourd'hui, & me faire reconnoître de tous mes vassaux.

LÉANDRE.

Et moi je vais entrer en possession de ma nouvelle épouse qui arrive aujourd'hui. Je ne serois pas faché que mon mariage fût arrêté, conclu & consommé tout à la fois.

DEMOPHON.

Il se fera, ce matin même; la lettre que nous avons reçue de ta future, à son débarquement à Cadix, nous apprend qu'elle a pris la route de terre; elle devoit être arrivée dès hier au soir.

LÉANDRE.

J'ai tout préparé pour cela, & comme je ne veux rien négliger pour mériter son cœur, en recevant sa main, sur-tout si elle est aussi belle que je l'imagine.

DEMOPHON.

C'est fort bien, mon fils, & pendant que tu t'occupes de la fête, je vais chez le Notaire prendre connoissance de tous les Fiefs qui dépendent de cette Terre. De l'humeur dont tu parois, il nous en faudra beaucoup pour donner à chacun de tes enfans un titre qui puisse les faire représenter dans le monde. Quelle félicité je me promets! quel avenir heureux! en vérité je crois y être déjà.

D U O.

DEMOPHON.

Il me semble que j'apperçois
Tous tes enfans autour de moi;
    Oui, je les vois
    Qui me pressent,
    Qui me caressent,
Et s'amusent devant moi;
    Mes petits fils!
    Mes doux amis!
    Venez donc me baiser,
Eh vîte, ils viennent tous m'embrasser.

LÉANDRE.

Je ne vois point encore
    Ces enfans si charmans.

DEMOPHON.
Mais ils pourront éclore,
Pour nos amusemens.
Mes petits fils !
Mes doux amis !
Combien, en vous voyant, je jouis.
LÉANDRE.
Oui, vous prenez fort bien les choses.
DEMOPHON.
Oui, oui, je prens fort bien les choses.
ENSEMBLE.
Ces fleurs ne sont pas écloses.
LÉANDRE
Attendez donc jusqu'au bout.
DEMOPHON.
Mais m'amuser est mon goût.
ENSEMBLE.
Quels momens délicieux !
Combien nous serons heureux !
De les voir devant nos yeux
Jouer à des petits jeux.
Oui, c'est un grand bonheur :
Oui, c'est une douceur.
Chacun dira,
Chacun répétera,
Papa, papa.
Ah, ah, ah, ah,
La folie,
Est jolie.
Oui, c'est un grand bonheur, &c.
DEMOPHON *sort en riant.*

SCENE V.

LÉANDRE, SILVESTRE *caché.*

LÉANDRE.

Rentrons pour un moment ; il est convenable que je
sache à qui je pourrois m'adresser pour connoître toutes
les cérémonies qui se font ici en pareille circonstance ; je
ne veux pas passer aux yeux de ma future pour un benêt ,
qui n'a pas l'usage du monde. Il s'agit de représenter &
soutenir son rang. *Il rentre.*

SCENE VI.

SILVESTRE *seul.*

Vivat. Ce que je viens d'entendre , m'instruit à point
nommé , comment je dois conduire cette intrigue pour venir à bout de mon dessein. Hier , j'ai su adroitement
épier le moment de l'arrivée de Mademoiselle Emilie.
J'ai gagné sa confiance , je lui ai persuadé , qu'avant de
se présenter , il convenoit d'écrire à M. Léandre , son pré-
tendu , & lui envoyer son portrait : elle m'a chargé de la
commission , & le voici. Gardons la lettre & le portrait ;
montrons lui celui de ma cousine à la place du véritable ,
il lui plaira , à coup sûr : je la présenterai ensuite , & pendant qu'elle fera accélerer le mariage, j'irai trouver Emilie.
Je lui ferai croire que son futur est absent , & qu'il n'arri-
vera que dans trois jours. Le mariage se fera , se consom-
mera , & après , ma foi . . . mais le voici qui sort , son-
geons à nous , & sur-tout point d'étourderie.

A 4

SCENE VII.

LÉANDRE, SILVESTRE.

SILVESTRE.

N'EST-CE pas à M. Léandre, fils de M. Demophon, à qui j'ai l'honneur de parler?

LÉANDRE.

Oui, Monsieur; que puis-je faire pour votre service.

SILVESTRE.

Monsieur, je m'appelle Dom Pasquinos; je viens de la part de Mademoiselle Émilie, vous prévenir de son arrivée.

LÉANDRE.

Ah, Monsieur, vous me comblez de joye; conduisez-moi bien vîte auprès d'elle; je brûle d'envie de la voir.

SILVESTRE.

Un moment, Monsieur, s'il vous plaît. Don Diego de Mercantua, le plus riche Négociant de Cadix, & l'intime ami de feu votre oncle, m'a recommandé particuliérement votre prétendue; non - seulement, il veut que toutes les clauses du testament soient exécutées à la lettre.

LÉANDRE.

Je sais que le mariage doit se faire, s'il est possible, le jour même de son arrivée; mais soyez tranquille, tout est préparé pour cela.

SILVESTRE.

Mais encore vous devez la recevoir selon son rang, & observer toutes les cérémonies d'usage.

LÉANDRE.

Monsieur, je suis prêt à faire tout ce que vous me prescrirez à cet égard. Je vous prie, seulement, de m'instruire. Arrivé ici depuis deux jours, je n'ai pas eu le tems de me mettre au fait.

SILVESTRE.

Monsieur, je me ferai toujours un vrai plaisir de vous être utile; premiérement, je dois vous présenter son portrait & vous demander, si la demoiselle est de votre goût.

LÉANDRE, *voyant le portrait de* LAURETTE.

O ciel! l'aimable personne! quels yeux! quelle bouche!

je ne puis différer plus long-temps de la voir ; conduisez-
moi donc . . .

SILVESTRE.

Point du tout , Monsieur ; c'est à elle à se rendre chez
vous la premiere ; c'est l'usage en Espagne. Préparez-vous
à la recevoir seulement , & apprenez la maniere dont vous
devez vous comporter avec elle à la premiere entrevue.
Or écoutez.

ARIETE.

Figurez-vous pour un moment ,
  Que Madame soit venue ,
  Elle s'arrête en vous voyant ,
  Vous regarde noblement ,
  Puis après elle vous salue
  Par une grande révérence ,
  Vous gardez un profond silence ,
  Attendant ce qu'elle dira ,
    Ordonnera.
Vous fait-elle un compliment ,
Sur votre air , votre tournure ?
Ripostez adroitement ,
Sur ses graces , sa figure ;
Dites-lui bien tendrement ,
Que vos vœux sont satisfaits ,
En possédant ses attraits.
Et que dans cette journée ,
Les flambeaux de l'himenée ,
Rempliront tous vos souhaits ,
Pour être heureux à jamais.

SCENE VIII.

Les Acteurs précédens , un Laquais.

SILVESTRE,

VOICI un des laquais de Madame : elle l'envoye apparemment s'informer ; s'il est temps qu'elle paroisse, (*au domestique*) vous pouvez aller dire à votre maîtresse, que son futur époux l'attend avec impatience. (*il sort.*)

SCENE IX.

LÉANDRE, SILVESTRE.

LÉANDRE.

PARBLEU je me réjouis bien de la voir. Je suis sûr qu'elle me plaira , si son portrait lui ressemble. Mais, dites-moi, comment faut-il se présenter devant elle? Je ne sais point faire de révérence à l'Espagnole.

SILVESTRE.

Gardez-vous-en bien, Monsieur, il faut la saluer à la Françoise ; ne savez-vous pas que c'est un usage établi dans toutes les Cours de l'Europe, de parler, de saluer à la Françoise , & d'en avoir les manieres.

LÉANDRE.

Finissez donc de m'instruire. . .

SILVESTRE.

Oui , Monsieur ; je vais vous apprendre comment il faut faire la revérence, (*il lui montre , l'autre répete*) deux pas en avant, puis vous vous inclinerez bien profondément. Tenez, comme cela. Ensuite vous lui ferez le premier compliment d'usage & celui le plus généralement reçu. Comme cela. Madame ; l'espoir flatteur , br. br. br. br.

LÉANDRE.

Comment, Monsieur ; qu'est-ce que cela veut dire?

SILVESTRE.

Cela ne veut rien dire ; mais on exprime par le désordre, le respect, la soumission, & la crainte qu'on a de déplaire.

LÉANDRE.

Monsieur je vous remercie de vos sages conseils ; je ne manquerai point de les suivre.

SILVESTRE.

Préparez vous, Monsieur ; voici Madame. Rappellez-vous bien de ce que je vous ai dit.

SCENE X.

LÉANDRE, SILVESTRE, LAURETTE *en grande parure, avec plusieurs Domestiques qui s'éloignent ensuite.*

LAURETTE, *après une grande révérence de part & d'autre, le regarde un moment sans rien dire.*

(*à part.*) L'Imbecille. . . Monsieur, êtes-vous l'aimable époux à qui mes illustres parens m'ont destinée.

LÉANDRE.

Madame, l'espoir flateur, br, br, br, br, (*à Silvestre.*) ah l'aimable personne !

SILVESTRE.

Eh bien, ne vous l'avois-je pas dit.

LAURETTE.

Je viens de faire un long voyage ; bien pénible ; j'ai trouvé la mer orageuse ; souvent les vents contraires ; cela a retardé notre mariage : ne trouvez donc pas mauvais, si je désire conclure tout de suite.

SILVESTRE.

Oui, Monsieur, quand une femme s'attend à quelque chose qu'elle ne connoit pas encore, elle est toujours fort empressée, de savoir ce que c'est.

LÉANDRE.

Oui, chere future, dès aujourd'hui nous serons époux. Tous les préparatifs sont faits. Mon pere qui est allé chez le Notaire pour examiner tous les Fiefs qui dépendent de cette terre, ne tardera pas à rentrer.

LAURETTE.

Je vous entends, j'ai voulu vous faire voir mon portrait, avant de me présenter : j'avois chargé Monsieur de me le rapporter sur le champ ; s'il eut eu le malheur de vous déplaire, j'aurois préféré de m'en retourner, plutôt que de m'exposer à essuyer les froideurs d'un époux.

LÉANDRE.

Vous n'avez rien à craindre, mon petit bijou ; votre portrait m'a fait plaisir, mais votre personne me plaît bien davantage. Je me sens disposé à vous aimer toute ma vie.

LAURETTE.

Je souhaite que vous conserviez toujours les mêmes dispositions à mon égard ; car je ne vous cache point que je suis naturellement jalouse. Si jamais j'étois traversée par une rivale, je serois femme à tout entreprendre pour me venger.

ARIETTE.

LAURETTE.

Aimer toujours avec constance,
 C'est-là le vrai bonheur,
 Et votre indifférence,
 Feroit tout mon malheur :
 A l'époux qui m'engage,
 J'abandonne ma foi :
 Un cœur qui se partage,
 Est indigne de moi.
Mais en vous voyant, tout me rassure :
Mon bonheur est dans vos yeux.
 L'amitié constante & pure,
 Couronnera tous nos vœux,
 Combien nous serons heureux !
 Le mari le plus aimable,
 l'époux le plus adorable,
 Préviendra tous mes désirs.
 Loin de nous toutes quérelles,
 Complaisances éternelles,
 Augmenteront mes plaisirs.

LÉANDRE.

Oui ma charmante, vous pouvez être assurée de trouver en moi l'époux le plus complaisant, le mari le plus fidele. Mais entrez dans mon Château qui devient aujourdhui le vôtre. Venez y commander en Reine. Je vais vous faire voir votre appartement & le lit nuptial où doivent reposer vos charmes.

SILVESTRE *fait un signe d'intelligence à* LAURETTE.

Madame vous m'avez chargé ce matin de plusieurs choses importantes ; permettez-moi d'aller les remplir dans ce moment.

LAURETTE.

Allez Monsieur, & revenez le plutôt possible. *(à Leandre)* Donnez-moi la main, mon cher Epoux. (*ils rentrent*)

SCENE XI.

SILVESTRE *seul.*

Nos affaires sont en bon train. Courrons vîte trouver Emilie. Si elle se présentoit ici avant que le mariage fut conclu, on en viendroit aux explications, & la mêche seroit bientôt découverte (*l'appercevant*) oh Ciel ! elle vient de ce côté, & le bon homme de pere de l'autre ; adieu tous nos projets. (*il sort*)

SCENA XII.

EMILIE *ensuite* DEMOPHON

EMILIE *arrivant lentement.*

J'ai attendu jusqu'à présent M. Pasquinos ; il n'est point venu me donner de réponse. Est-ce que mon portrait auroit déplu à mon futur époux ? Je ne puis rester plus long-tems dans cette incertitude ; je veux m'en éclaircir.

DEMOPHON *à part.*

Ma foi c'est un plaisir de voir tous les plans, tous les titres, tous les fiefs de cette belle terre. Comme la future de mon fils sera satisfaite !

EMILIE *appercevant* DEMOPHON.

Monsieur, n'est-ce pas ici la démeure de M. Demophon ?

DEMOPHON.

Oui Madame, & vous parlez à lui-même.

EMILIE.

Je me nomme Emilie. Je viens tout exprès de l'Amérique, pour épouser Monsieur votre fils. Vous savez que c'est
un arrangement de famille.

DEMOPHON.

Soyez la bien arrivée ma Bru. Nous avons reçu votre
lettre de Cadix; nous vous attendons mon fils & moi avec
impatience. Il sera enchanté d'avoir une femme aussi charmante. (*à un Domestique*) Voyez si mon fils est au Château, & dites-lui de descendre, pour recevoir sa pretendue.

EMILIE.

Monsieur je n'aurai pas moins de satisfaction d'entrer dans
votre famille; je vous regarde, dès ce moment, comme un
pere, dont je chercherai toujours à mériter les bontés.

DEMOPHON.

Mon fils assurément sera trop heureux de vous posséder.
Le don de votre main est le plus beau présent que mon
frere ait pu lui accorder. Mais le voici; ne dites rien.

SCENE XIII.

Les Acteurs précédens LÉANDRE.

DEMOPHON.

Mon fils, connoissez vous Madame; comment la
trouvez vous?

LÉANDRE *surpris.*

Je la trouve charmante: mais, mon pere, pourquoi me
faites vous cette question?

DEMOPHON.

Comment! votre cœur ne parle point en sa faveur?

LÉANDRE (*avec dedain.*)

Non mon pere. Madame aura la bonté de m'excuser;
mais, des affaires plus intéressantes m'appellent chez moi.
Dans un autre moment, j'aurai l'honneur de recevoir
Madame.

DEMOPHON.

Le benêt? mais apprends . . .

LÉANDRE (*impatienté*)

Mais en vérité vous me feriez mettre en colere ; j'ai bien autre chose à faire que de m'arrêter ici. Madame , je vous souhaite le bon jour ; une autre fois nous jaserons plus long-tems. Apprenez mon , pere , (*il lui parle à l'oreille.*)

EMILIE (*à part*)

O Ciel ! à quel point suis je humiliée. Je ne suis plus étonnée , si Dom Pasquinos n'est pas venu me rendre réponse.

DEMOPHON *surpris.*

Comment ! elle est là ?

LÉANDRE.

Oui mon pere : dans le Château , & j'étois occupé, en attendant votre retour , à lui faire voir tous les appartemens ; c'est une personne, d'un esprit & d'une beauté...

DEMOPHON.

En vérité, je n'y comprens rien. Mademoiselle ne, vous nommez vous pas Emilie ?

EMILIE.

Assurément.

DEMOPHON.

Eh bien , Mademoiselle , mon fils m'assure qu'il y a présentement dans le Château, une jeune personne qui porte le même nom.

LÉANDRE.

Oui, Mademoiselle, & très-jolie. J'en suis amoureux, au point que je n'en épouserai jamais d'autre.

DEMOPHON.

Mon fils doucement. Modérez ce grand feu ; voici deux Emilie ; il est bon de savoir, avant tout , laquelle est la véritable. Entrons tous au Château, & là nous pourrons découvrir aisement la vérité.

EMILIE.

Qui, moi! J'entrerois chez vous pour y recevoir de nouvelles humiliations ? Je vous ferai voir au contraire, si on doit traiter ainsi une personne de mon rang , & si vous emploierez impunement un faux prétexte pour rompre tous vos engagemens.

ARIETTE.

LÉANDRE *d'un ton moqueur.*

QUE voulez vous que je 'vous dise,
Si la chose étoit permise,
Je pourrois bien, selon mes vœux,
Vous épouser toutes les deux,
Cette nouvelle méthode,
Deviendroit fort à la mode.
La personne qui m'enchante,
Ne peut tromper mon attente.
Je découvre, dans ses yeux,
Un avenir délicieux ;
Mais je pourrois, selon mes vœux,
Vous épouser toutes les deux ;
Et ce passe-tems si doux,
Seroit vraiment, fort de mon goût.
Que voulez vous &c. (1)

SCENA XIV.

Les Acteurs précédens.

LAURETTE.

LAURETTE.

COMMENT, Monsieur! le jour de notre mariage, me laisser
seule dans mon appartement? Cela est fort honnête, en vérité.
(*feignant d'appercevoir Émilie pour la première fois) eh*
mais, je vous trouve avec Madame : c'est une perfidie sans
exemple. Ingrat! je vais me venger de votre inconstance.

LÉANDRE.

Non ma petite Reine, rentrez ; je vais vous mettre au fait
de tout, & vous rassurer d'un mot.

LAURETTE.

Non, Monsieur, je n'écoute rien. Je reviendrai dans un

(1) Laurette a vu de la fenêtre tout ce qui s'est passé, & a
apperçu de loin Silvestre retiré à l'écart qui lui fait signe de descendre.

moment.

moment. Si vous ne me rendez pas justice, en chassant cette créature, attendez de moi la vengeance la plus éclatante.

LÉANDRE.

Encore une fois, écoutez-moi, ma Reine.

LAURETTE.

Laissez-moi, vous dis-je ; songez seulement à vous conduire comme vous le devez. (*à part*) Allons trouver le cousin ; je sens en ce moment combien j'ai besoin de ses conseils. (*elle sort*)

SCENE XV.

DEMOPHON, LÉANDRE, EMILIE.

DEMOPHON. (*riant aux éclats.*)

EN vérité cela est trop risible. Deux Emilie se rencontrer là à point nommé.

LÉANDRE.

Mademoiselle, c'est bien mal à vous, de venir ainsi troubler nos amours. Ma future est sortie piquée contre moi ; mais vous avez beau faire ; vous n'y gagnerez rien, je vous en avertis. (*il rentre.*)

SCENE XVI.

DEMOPHON, EMILIE.

DEMOPHON (*voyant son fils s'en aller.*)

MAIS, mon fils ; je ne vois rien de clair dans tout ceci. (*à Emilie*) Vous êtes très-jolies toutes les deux ; mais l'une de vous, pour le moins, à pris un nom supposé. Au surplus, quand vous voudrez me faire l'honneur de passer chez moi, je suis prêt à vous entendre, & chercher les moyens d'éclaircir un mystere qui me paroît jusqu'à présent impénétrable. (*il rentre.*)

B

SCENE XVII.

EMILIE, *restant un moment sans parler.*

Non, je ne puis revenir de mon étonnement...pouvois-je m'attendre à essuyer des mépris aussi offensans. Léandre paroît enchanté de sa nouvelle conquête ; par le doute qu'il affecte, en me soupçonnant d'avoir pris un nom supposé, ne seroit-ce point une ruse de sa part, pour rompre avec moi ! Mais je vais revoir Dom Pasquinos, lui seul peut me calmer, & dissiper aisement le nuage épais qui m'environne.

EMILIE.

ARIETTE.

Dois-je craindre pour ma flamme,
Et me livrer à ma douleur,
L'espérance naît dans mon ame,
Et me rassure en mon malheur.

SCENE XVIII.

EMILIE, SILVESTRE.

SILVESTRE. (*Il s'est toujours montré de tems en tems.*)

(*à part*) Je viens d'instruire ma cousine sur ce qu'elle doit faire, maintenant beaucoup d'effronterie, & tout ira bien. (*à Emilie*) Ah Madame ! je vous cherche par tout. Je viens de votre hôtel pour vous rendre compte de mon ambassade.

EMILIE.

Impatientée de ce que vous n'arriviez pas, j'ai pris le parti de venir moi-même ; mais je n'ai été que trop bien payée de mon empressement.

SILVESTRE.

Helas! Madame, je ne doute pas un instant de votre mauvais accueil, par la maniere dont on a reçu votre portrait.

EMILIE.

Eh bien ?

SILVESTRE.

Eh bien, Madame! il n'en a fait aucun cas, à peine a-t-il daigné y jetter un regard ; il s'est contenté de me dire, qu'il avoit le cœur pris, & que vous pouviez vous pourvoir ailleurs. J'ai même compris à ses discours, que la personne qu'il avoit choisie, se faisoit passer pour vous, & que vous étiez une Dame supposée.

EMILIE.

Je l'ai vue, la perfide? À ses airs effrontés, je n'ai pas douté d'un instant que ce ne fût une avanturiere. Mais elle a su gagner le cœur de Léandre, qui en paroît excessivement épris.

SILVESTRE.

Eh que prétendez vous faire ?

EMILIE.

A la maniere dont j'ai été reçue, j'ai jusqu'à présent conçu un vrai dégoût pour Léandre. Je lui ai trouvé des manieres triviales qui n'intéressent point en sa faveur. Son pere, quoiqu'âgé, est beaucoup plus aimable que lui. Mais je veux me venger du perfide qui ose me sacrifier à une femme de cette espece, je veux aussi la faire connoître, afin qu'elle soit punie comme elle le mérite.

SILVESTRE.

Madame, je me déclare votre chevalier, & je veux dabord tirer vengance de votre amant, qui ose ainsi vous insulter; après quoi, nous songerons à faire punir votre rivale.

ÉMILIE.

Ah Monsieur, comptez sur toute ma reconnoissance.

SILVESTRE.

Cachez-vous ici, & laissez-moi faire : le voici justement; je veux que vous soyez témoin de mon zele & de mon empressement à vous servir (*à part.*) allons, morbleu, il faut payer d'une double audace. (*Émilie s'est cachée dans la coulisse.*)

FINALE.

LÉANDRE *sort. Pendant la ritournelle*
SILVESTRE *l'épée à la main.*
Si tu veux être infidelle,
  Si tu veux tromper la belle,
  Du portrait qu'on t'a fait voir,
    (*Se mettant en garde*)
  Songe à faire ton devoir.
  Il faut se battre à l'instant ;
  C'est le parti que je prend,
  Pour punir un perfide amant.
      LÉANDRE.
Moi, vouloir être infidele!
  Moi vouloir tromper la belle !
  Son portrait est dans mon cœur ;
  Je veux faire mon bonheur.
DEMOPHON, *accourant au bruit.*
Monsieur, il vaut mieux s'entendre :
  Mon Fils consent à la prendre ;
  Que la Dame du portrait
  Veuille bien ici se rendre ;
  Et ce sera bien-tôt fait.
LÉANDRE ET LAURETTE, *s'avançant sur la scene.*
  Le Ciel juste, favorable,
  De ce grand coup qu'il m'accable,
  Me fait triompher enfin ;
  Je rends grace à mon destin.
LÉANDRE A ÉMILIE, DEMOPHON A LAURETTE.
  Eh Madame, je vous prie,
  A quoi bon cette folie ?
  C'est trop s'amuser,
  C'est trop abuser,
  On ne peut vous excuser.
EMILIE A LÉANDRE, LAURETTE A DEMOPHON.
  Quoi méchant ! quoi téméraire !
  Ton adresse aura beau faire ;
  Tu ne pourras m'abuser.
SILVESTRE *à part transporté de joye.*
Non jamais de la vie,
  Parut tour mieux inventé ;
  C'est un fait en vérité.

E M I L I E A L A U R E T T E.
Mais enfin je vous supplie,
  De me dire sans courroux,
  Qui peut être votre époux?
L A U R E T T E A E M I L I E.
Mais, pouvez-vous sans folie,
  Offenser un cœur jaloux?
  Monsieur sera mon époux?
D E M O P H O N.
Mes Dames, enfin j'espere,
  Apprendre ce grand secret.
  Parbleu vous aurez beau faire...
L É A N D R E.
Il faut nous mettre au fait.
E M I L I E E T L A U R E T T E.
C'est moi-même, c'est moi-même.
E M I L I E.
Admirez son stratagême !
  Je souffre une peine extrême ;
  Puis-je par quelque moyen...
  A ceci je n'entend rien.
L A U R E T T E E T S I L V E S T R E.
Ces Messieurs auront beau faire,
  Pour éclaircir ce mystere ;
  Je vois qu'ils ne sauront rien.
D E M O P H O N T, L É A N D R E.
Admirez le stratagême !
  Pour expliquer ce problême,
  N'est-il pas d'autre moyen ?..
  Ma foi je n'y comprens rien.
E M I L I E *seule.*
Que l'indigne soit punie.
L A U R E T T E.
Qu'on chasse cette furie.
E M I L I E.
Va, méchante !
L A U R R T T E.
Insolente !
D E M O P H O N, L É A N D R E.
Entendons-nous, s'il vous plaît,
  Pour instruire le procès.
S I L V E S T R E, *à part.*
Vraiment, ceci ne vaut rien.
  Un procès ! songeons-y bien.

EMILIE.

Ah ! l'injure est à l'excès.

LAURETTE.

O Ciel ! voila mon arrêt.

DEMOPHON, LÉANDRE.

Qu'on instruise le procès.

SILVESTRE.

Vraiment ceci ne vaut rien.

Un procès ! Songeons-y bien. (1)

DEMOPHON.

Qu'on apporte pour écrire ,

Du papier, ce qui s'en suit.

TOUS ENSEMBLE.

J'entends bien ce qu'il veut dire ,

Il prétend nous les faire écrire ,

Pour confronter notre leur écrit. (2)

DEMOPHON , *il fait signe aux Dames de s'asseoir.*

Mesdames. . .

TOUTES LES DEUX en s'asseyant.

Nous y voici.

EMILIE.

Oui , je comprends l'affaire.

LAURETTE.

Parlez , que faut-il faire?

DEMOPHON.

Je vais , par l'écriture ,

Des belles que voici ;

Découvrir la parjure ,

Puis après , sans murmure ,

Elle prendra son parti.

ENSEMBLE.

EMILIE , LÉANDRE.

Vraiment , c'est admirable ;

Tout doit être éclairci.

LAURETTE , SILVESTRE.

O Ciel ! ce coup m'accable ;

Comment parer ceci.

____

(1) Pendant la ritournelle, Demophon dit sans chanter, Holà à quelqu'un ; un laquais paroît.

(2) Le laquais apporte des plumes, dé l'encré & du papier.

DEMOPHON.
Ecrivez sans plus tarder,
Ce que je vais dicter.
ENSEMBLE.
Vraimennt, &c.
Oh Ciel, &c.
DEMOPHON *dictant.*
Puisqu'on ne trouve aucun moyen.
EMILIE ET LAURETTE, *répétant l'une après l'autre.*
Moyen,
DEMOPHON.
D'arranger
Et d'accorder.
Répétant.
D'accorder.
DEMOPHON.
Deux femmes à beau maintien.
Répétant.
Maintien.
DEMOPHON.
Mais qui par parenthese, virgule.
Répétant.
Virgule.

DEMOPHON.
Ont un ton bien ridicule ;
Diablesses,
Traîtresses.
Elles se levent de table déchirant le papier.
Mais c'est un fait exprès ;
Je n'écrirai jamais. . .
LÉANDRE.
Mais ; ce sont des sottises,
De plattes balourdises.
Eh ne vaut-il pas mieux,
Dicter à toutes deux,
En termes éloquens,
La langue des amans!
SILVESTRE.
Messieurs, à quoi bon tout ceci.
Pour que le fait soit éclairci. *Aux Dames.*
Écrivez ce qu'il vous plaira,
Ce que l'amour vous dictera.
à tous. Dites ?

B 4

TOUS.

J'approuve ce moyen.

Ne vous gênez ⎱ en rien
Ne les gênons ⎰

    SILVESTRE *à part.*

Ils seront dupes, sur mon ame :
  C'est une chanson de Madame,

          (*il la tire de sa poche.*)

  Qu'on m'a remise ce matin.
  Ceci pourra les faire rire.

à LAURETTE.

  Fais donc semblant d'écrire,
  Et puis tout ira bien.

    LÉANDRE.

Tout doit enfin se découvrir,
  Et tout va s'éclaircir.

    SILVESTRE.

Vos doutes, vont s'évanouir ;
  Tout va se découvrir.

    DEMOPHON.

Elles auront beau faire ;
  On saura le mystere.

  LES TROIS HOMMES ensemble.

Tout va se découvrir.

LES DEUX FEMMES remettant leur papier.

  Tenez, jugez,
    Examinez ;
    Dans peu de tems, nous allons voir,
    Ma rivale au désespoir.

    LES TROIS HOMMES.

Pour décider,
 Pour bien juger,
  Attention,
Réflexion.

    LES DEUX FEMMES.

Pour ma rivale quelle leçon.

    LES TROIS HOMMES.

Pour décider, &c.

    LES DEUX FEMMES.

Dans un moment, je serai satisfaite,
  Je vais enfin, jouir de sa défaite.
  Ah ! quel soulagement,
  Dans mon cœur je ressens !

L É A N D R E *après avoir examiné l'écriture.*
Mais, c'est la même chose ;
D E M O P H O N E T L É A N D R E.
Quelle en est donc la cause ?
  Voyons l'Original.
  Tout est égal.
  Ma foi, tout est égal.
  Les G , les D , les Q ,
  Les A , les B , les U.
  LES TROIS HOMMES,
Les deux mains n'en font qu'une ,
  C'est chose peu commune.
     É M I L I E.
C'est moi sans contredit.
    L A U R E T T E.
Madame perd l'esprit.
    E M I L I E *furieuse.*
Vous êtes tous les trois ,
  Plus bêtes que des oyes.
    L A U R E T T E *riant.*
On l'a mise aux abois.
  E M I L I E, D E M O P H O N , L É A N D R E.
Mais , que faut-il donc faire ,
  Pour expliquer ceci ?
  Comment un tel mystere ,
  Peut-il être éclairci ?
    L A U R E T T E, S I L V E S T R E *riant.*
Mais, ils auront beau faire ,
  Pour expliquer ceci ;
  Jamais un tel mystere ,
  Ne peut être éclairci.
    E M I L I E.
Je ne puis plus y résister ,
  Je saural me venger.
    L A U R E T T E.
Ne crois pas m'effrayer ,
  Je saurai bien te corriger.
    L É A N D R E.
Mesdames ! pourquoi ce grand courroux !
  Appaisez-vous.
    D E M O P H O N.
Battez-vous ,
  Etrillez-vous ,

Loin d'en prendre du courroux ,
Je vous dirai toujours ,
Ferme , étrillez-vous.

ENSEMBLE.

Je ne puis plus , &c.

LAURETTE.

Insolente ,
Méchante ,
Impudente ,

LÉANDRE , SILVESTRE.

De grace calmez-vous ,
Appaisez ce grand courroux.

DEMOPHON.

Battez-vous , étrillez-vous , &c.

CHŒUR GÉNÉRAL.

SILVESTRE , LAURETTE.

La rage me dévore ,
Du projet qu'on ignore ,
On pourroit s'éclaircir.
Surtout prenons bien garde;
Après un tour semblable...
La ruse , la malice ,
Viendront nous secourir ;
Pour fuir le précipice ,
Qui semble s'entrouvrir.

EMILIE.

La rage me dévore ,
Du monstre que j'abhorre ,
Ne puis-je m'affranchir ?
Quel tour abominable !
Vit-on rien de semblable!
O Ciel ! sois-moi propice ;
Permets à l'avenir ,
Qu'une telle injustice ,
Vienne se découvrir.

LÉANDRE , DEMOPHON.

La rage me dévore ,
De ne pouvoir encore ,
De ce fait , m'éclaircir;
Oui , je me donne au diable ;
Vit-on rien de semblable !

LÉANDRE.

{
Que tout finisse;
Il est tems de partir.

DEMOPHON.

Paix donc! que tout finisse;
Il est tems de partir,
Cessez de m'étourdir.
}

Fin du premier Acte.

ACTE SECOND.

SCENE PREMIERE.

EMILIE seule.

RECITATIF.

Que je suis malheureuse !
J'abandonne le séjour que j'habitois,
   Où je vivois
Tranquille , heureuse.
Je brave la mer en courroux ,
Pour voler dans les bras d'un époux.
Loin de répondre à mon amour ,
Par un lâche détour,
Il m'abandonne , hélas !
Et ma douleur affreuse
Va bientôt me donner le trépas.

AIR.

Quand nous croyons toucher au terme de non peines ,
Nous éprouvons un sentiment si doux ;
Un revers rend bientôt nos espérances vaines ,
Ah ! combien le bonheur est souvent loin de nous.
Et toi , perfide , qui m'outrage ,
Tu viens me ravir mon amant.
Non , tu n'auras pas l'avantage . . .
Redoute mon ressentiment.
Je ferai voir ton artifice,
Je saurai punir tes forfaits ;
Et me venger de l'injustice
Qu'on veut faire à mes attraits.
Je n'écoute que ma rage ;
Je saurai punir tes forfaits.
Et me venger de l'injustice
Qu'on veut faire à mes attraits.

SCENE II.

EMILIE, LAURETTE.

LAURETTE *à part.*

Mon cousin doit se rendre ici pour me faire part de ses nouveaux projets. Je vais en attendant épier le moment où Léandre sera seul, & le presser de conclure mon mariage dès ce soir. Mais voici ma rivale. Elle cherche, sans doute, à avoir une autre explication, tâchons de l'éloigner; il ne faut pas qu'elle me voie avec mon cousin. (*à Emilie.*) Comment ! vous voici encore, Mademoiselle; je vous croyois déjà partie.

EMILIE.

Cessez de m'injurier, méchante femme: c'est vous, plutôt, qui devriez être bien loin; du moins, renoncez bien vîte à votre infâme projet. Je vais savoir qui vous êtes, & vous recevrez la récompense de votre perfidie.

LAURETTE *d'un ton railleur.*

Ah, Madame, que d'excuses à vous faire ! oser prendre votre nom, emprunter votre rang, votre noble extraction; je conviens que c'est être bien téméraire.

EMILIE.

Quittez ce ton de raillerie, il vous sied fort mal ; mais voyez avec quelle hauteur cette impudente ose se présenter devant moi.

LAURETTE.

Mais, Madame, songez donc que vous me manquez.

DUO.

EMILIE *d'un ton railleur.*

D'offenser Madame,
  On auroit grand tort.
Certes, sa belle ame, vous charme d'abord.
  Son air, ses manieres,
  Ses graces legeres,
  Enfin, son grand nom;
  Ses graces legeres
  Sont du meilleur ton.

LAURETTE.

Madame future,
Quand épousez-vous ?
Votre noble allure
Charme votre époux.
Vos yeux font ravage
Sur son tendre cœur ;
C'est un avantage
Qui vous fait honneur.

ENSEMBLE.

Ah, qu'elle est charmante !
Qu'elle est intéressante!
Ah, ah, ah, ah.

LAURETTE.

Mais voici Demophon, évitons-le autant qu'il est possible ; je vais au-devant du cousin. (*à Emilie*) Madame, je vous laisse ; entretenez Monsieur, c'est lui que vous cherchez, sans doute ; pour moi, je me regarde comme votre humble servante. *Elle sort en riant.*

SCENE III.

EMILIE, DEMOPHON.

DEMOPHON *voyant Laurette qui se retire.*

EH bien, Mesdames, êtes-vous d'accord maintenant ; l'une de vous reconnoît-elle enfin ses torts ? Il faut que ce mystere s'éclaircisse.

EMILIE.

Non, Monsieur, ma rivale soutient son faux personnage avec une assurance inconcevable : elle croit apparemment ne pouvoir être découverte de si-tôt, & que j'aurai peine à me faire reconnoître tout de suite.

DEMOPHON.

Ma foi, il y a quelque chose que je ne comprends point du tout ; d'après l'épreuve de la lettre, vos deux mains se ressemblent, il y a là de l'extraordinaire.

EMILIE.

J'ai envoyé Dom Pasquinos s'informer qui pouvoit être

ma rivale , quoique Barcellone soit une grande ville, elle sera , sans doute, connue, & comme j'apprendrai , à coup sûr , bien des choses sur son compte, je venois auparavant savoir de vous à quelle heure nous pourrions vous entretenir.

DEMOPHON.

Je suis prêt à vous entendre à toute heure, ma belle Dame , je vous l'ai déjà dit ; Et si vous vouliez , nous aurions bientôt mis fin à tous nos débats.

EMILIE.

Et de quelle maniere ?

DEMOPHON.

Mon fils est éperduement amoureux de votre rivale , malgré tous les doutes qu'il peut avoir : Si je paroissois à vos yeux digne de le remplacer , les deux mariages seroient bientôt finis.

EMILIE.

Je suis très-sensible à l'honneur que vous voulez me faire , dans le doute où vous êtes, sur ma naissance.

DEMOPHON.

Vous êtes jeune & jolie. J'avois resolu de ne plus me remarier ; mais si vous vouliez accepter ma main , le hasard ne m'auroit jamais mieux servi qu'en cette circonstance.

DEMOPHON.
ARIETTE.

Je serai tendre & fidele ,
   Des maris le vrai modele ,
   Je ferai votre bonheur ;
   Une épouse aussi charmante
   Sera toujours mon amante ,
   Et regnera dans mon cœur ;
   Les modes les plus nouvelles ,
   Les parures les plus belles
   Embelliront vos appas ;
   Les plaisirs suivront vos pas :
   Bals , concerts & comédie ,
   Aux ordres de mon amie ,
   Son goût seul fera ma loi.
   Répondez , parlez , Madame ,
   En voulant être ma femme ,
   Je suis plus content qu'un roi ;

Si j'avois en partage,
Les graces du bel âge.
Ah ! qu'il me seroit doux,
De pouvoir les offrir
En qualité d'époux ;
Mais une gaieté franche,
Vous promet, en revanche,
Un heureux avenir.
Je parle avec franchise ;
Tenez, ma belle humeur
Près de vous m'autorise,
A vous ouvrir mon cœur.
   Toujours galant,
   Toujours charmant,
Vous me verrez bien complaisant.
Un tendre époux,
Jamais jaloux
Sera sans cesse à vos genoux.

EMILIE

Je ne veux m'occuper en ce moment, qu'à me venger de ma rivale ; & je ferai voir , en même tems à votre fils, combien il a eu peu de délicatesse, en rompant avec moi ses engagemens, pour un personnage aussi méprisable que celle qu'il encense. Je retourne à mon hôtel; peut-être apprendrai-je déjà quelque chose , qui puisse me remettre du trouble que tout cela me cause.

Elle salue Demophon & s'en va.

SCENE IV.

DEMOPHON.

ET moi j'aurai grand plaisir d'apprendre, combien mon fils est dans l'erreur , en lui rendant aussi peu de justice : plus je la vois , plus elle me semble intéressante.   *Il sort*

SCENE

SCENA V.

EMILIE *revenant ensuite,* SILVESTRE et LAURETTE.

EMILIE.

JE viens d'appercevoir Dom Pasquinos avec ma rivale ;
ils viennent de ce côté ; seroient-ils d'intelligence , & me
serois-je trompée sur son compte ? cachons-nous ; & écou-
tons leur conversation.

SILVESTRE.

Va cousine, va vîte trouver cette femme qui dit la bonne
aventure ; sa caverne est au bout de ce parc.

LAURETTE.

Pourquoi faire ?

SILVESTRE.

Je viens dans ce moment de la gagner à force d'argent :
tous nos gens y sont rassemblés. Tu feras la magicienne :
& pendant le tems que tu te prépareras, j'engagerai Léandre & son pere à venir te consulter pour savoir qu'elle
est la véritable Emilie , & alors plus d'obstacle à ton mariage.

EMILIE *à part.*

Ah ! je suis au fait maintenant. Il faut les prévenir , &
prendre mes mesures pour les surprendre au rendez-vous.
J'aurai donc enfin le plaisir de me venger. *Elle sort.*

SCENE VI.

LAURETTE, SILVESTRE.

LAURETTE.

MAIS, comment faire la magicienne ?

SILVESTRE.

Rien n'est plus aisé, tous les habillemens sont préparés.
Il faut que je parle à Léandre ; va m'attendre ici près ;

C

je vais te rejoindre ; nous irons ensemble , & je t'instrui-
rai en chemin.

L A U R E T T E.

A la bonne heure ; mais sur-tout ne tardez pas.

Elle sort.

S I L V E S T R E.

Sois tranquille. Oh , ma foi pour le coup , notre affaire
est infaillible , si je viens à bout de les déterminer . . . justement voici Léandre.

S C E N E V.

L É A N D R E, S I L V E S T R E.

L É A N D R E *à part.*

JE ne vois point revenir ma future. Cela me jette dans
une inquiétude mortelle. Il faut que je m'informe où elle
peut être. Ah, Monsieur, vous voici !

S I L V E S T R E.

Oui , Monsieur, j'allois vous donner des nouvelles de
votre prétendue.

D E M O P H O N.

Et pourquoi ne pas l'amener ici ?

S I L V E S T R E.

Elle me charge de vous dire qu'elle ne mettra pas les
pieds chez vous, qu'elle ne soit assurée que vous l'épou-
serez à l'instant même.

L É A N D R E.

Mais mon pere veut encore que j'attende ; il est entiché
de cette autre femme ; il a même la foiblesse de croire
qu'elle est la véritable Emilie.

S I L V E S T R E.

Eh bien , Messieurs, il est un moyen de vous convain-
cre ; il y a au bout de votre parc une fameuse magicienne qui dit le passé , le présent & l'avenir. Cette magicienne se nomme Alcine , elle est originaire d'Egypte ,
& jouit, dans cette contrée, de la plus grande réputation.

L É A N D R E.

Comment ! une magicienne.

SILVESTRE.

Oui , Monsieur , il faut engager M. votre pere à vous rendre auprès d'elle ; c'est un moyen infaillible pour connoître la vérité ; & comme je ne doute point que la Fée ne déclare celle que vous aimez , pour être la véritable Emilie ; alors vous déterminerez votre pere à consentir à ce mariage que vous concluerez dès ce soir.

LÉANDRE.

J'ai toujours eu beaucoup de répugnance pour ces choses-là ; mais n'y a-t-il rien à craindre ?

SILVESTRE.

Point du tout. Je la connois ; c'es la meilleure personne du monde, & puis que, ne devez vous point faire pour vous assurer de la vérité dans une affaire aussi délicate ?

LÉANDRE.

Mais dans quel tems faut-il s'y rendre ?

SILVESTRE.

Dans un quart d'heure , si vous voulez : & si vous m'assurez de vous y trouver , j'aurai soin que tout soit prêt. Je ferai même venir le Notaire.

LÉANDRE.

Eh bien, nous irons mon pere & moi dans un quart d'heure ; mais sur-tout recommandez-nous à la magicienne.

SILVESTRE.

Je la préviendrai encore , soyez tranquille ; je m'en vais toujours devant ; mais ne tardez pas. (*à part.*) Je triomphe ; voilà deux imbécilles dans ma famille. *Il sort.*

SCENE VIII.

LÉANDRE *seul.*

IL a parbleu raison. C'est-là le vrai moyen de faire consentir mon pere à terminer mon mariage sur le champ. Allons vîte le trouver , mais le voici.

SCENE IX.

DEMOPHON, LEANDRE.

LÉANDRE.

Mon pere, je passois chez vous pour vous demander...

DEMOPHON.

Quoi !

LÉANDRE.

Si vous vouliez enfin, que mon mariage se terminât ce soir.

DEMOPHON.

Mais, mon fils, tu n'y penses pas. J'attends un nouvel éclaircissement. Si la jeune personne que tu dédaigne étoit la véritable Emilie ; il se pourroit bien qu'après le mariage conclu, elle attaquât le testament afin de nous déposséder.

LÉANDRE.

Mais il est un moyen de s'en éclaircir.

DEMOPHON.

Et de quelle maniere ?

LÉANDRE.

Allons trouver cette nouvelle Fée, sa grotte est près d'ici. On dit qu'on vient la consulter des quatre parties du monde.

DEMOPHON.

Non, ma foi, je ne voudrois pas m'exposer : s'il alloit nous arriver quelque facheux événement, nous serions trop payé de notre curiosité.

LÉANDRE.

On m'a bien assuré qu'il n'y avoit rien à craindre. Cependant je ne serois pas plus curieux que vous dans toute autre circonstance. Mais je suis amoureux, & suis prêt à tout entreprendre pour assurer mon bonheur. Dailleurs, mon pere, soyez tranquille ; *(montrant son épée)* je n'irai pas sans ceci, c'est vous en dire assez.

DEMOPHON.

Tais-toi donc, mon pauvre fils, tu me fais *pitié.*

LÉANDRE.

Ne vous mettez pas en peine.

A I R.

Mon audace se réveille,
On peut croire à ma valeur ;
Je ferai par tout merveille,
S'il faut mériter son cœur.
J'oserai tout entreprendre,
Je saurai bien me défendre ;
L'amour seul est mon vainqueur.
    J'affronterois la tempête,
    Pour assurer ma conquête ;
    La mort viendroit sous mes pas,
    Je braverois le trépas.

DEMOPHON.

Je t'avoue que c'est bien contre mon gré, si je me dé-
cide à cette démarche.

LÉANDRE.

Mais songez donc, mon pere, que c'est le seul moyen
pour accélérer mon mariage, sans lequel nous ne pou-
vons entrer en possession de nos biens, puisque ce sont
les conditions du testament.

DEMOPHON.

Allons, j'y consens ; aussi bien ces deux femmes qui
veulent n'en faire qu'une, leur écriture qui se ressemble,
tout ce qui vient d'arriver, il y a quelque diablerie la des-
sous qu'il faut qu'on nous explique. Mais aussi, si j'ai
peur, ne me quittes pas, surtout.

LÉANDRE.

Soyez tranquile ; au surplus, dans les cas difficiles, il est
toujours plus prudent d'être deux, qu'un seul. *ils sortent.*

SCENE X.

Ee Théâtre change, représente une caverne obscure, avec une porte à la premiere coulisse.

SILVESTRE *seul entrant par la porte.*

SILVESTRE.

Ils ne peuvent tarder, je vais les attendre ici.

LAURETTE *dans la coulisse.*

Cousin.

SILVESTRE.

Cousine.

LAURETTE.

Les vois-tu venir?

SILVESTRE.

Pas encore. Je suis ici à les attendre ; dès qu'ils seront entrés, je te laisserai avec eux, & tandis que tu rempliras ici ton personnage, j'irai rejoindre la Fée, où le Notaire doit être, je ferai arranger le contrat que tu lui feras signer ensuite.

LAURETTE.

Il suffit.

SILVESTRE.

Les voi-ci ; tous nos gens sont-ils prêts.

LAURETTE.

Oui.

SCENE XI.

SILVESTRE À LÉANDRE ET DEMOPHON,
qui ne paroissent point encore.

SILVESTRE.

Venez, Messieurs, c'est par ici ; dès que vous serez entrés, il faut que je me retire. On ne permet pas qu'il y

ait d'autres personnes que ceux qui viennent consulter,
autrement la Fée ne rendroit pas ses oracles.

QUATUOR.

SILVESTRE *sort par la porte*, DEMOPHON ET LÉANDRE,
entrent aussi-tôt ; en même-temps , plusieurs personnes
parroissent dans le fond, en costumes de Magiciens ,
qui restent au fond du Théâtre. Pendant le Quatuor ,
le Théâtre est dans la plus grande obscurité.

DEMOPHON.

Quelle grotte horrible & sombre ;
Tout semble ici se confondre,
Et préparer mon trépas :
Oui, l'abîme est sous mes pas.
L'épouvante ,
Qui s'augmente ,
Dans mon cœur fait grand fracas.

LÉANDRE.

Ciel ! que vois-je, qu'apperçois-je devant moi
C'en-est fait ; je meurs d'effroi,
Je crois voir un spectre horrible ,
Me fixant d'un œil horrible ;
Dieux ! s'il alloit m'aborder ,
Je n'ose le regarder.

DEMOPHON.

Ah mon fils !

LÉANDRE.

Ah mon cher pere !

DEMOPHON.

Je succombe.

LÉANDRE.

Mais, que faire.

DEMOPHON.

Comment faire.

LÉANDRE.

Pour lui plaire.

ENSEMBLE

Belle Dame,
Noble Dame ,
Daignez donc combler nos vœux,
En paroissant à nos yeux.

SCENE XII.

LAURETTE, *en habit de Magicienne, avec demi masque,*

Holà ! que tout s'incline,
    Devant Alcine ;
Je viens rendre mes oracles ;
J'ai commerce avec les Dieux ;
J'opére des miracles,
Je commande en ces lieux.
    DEMOPHON, LÉANDRE,
Parlez, Madame,
    Sachons nn grand secret,

    Pour connoître $\frac{ma}{sa}$ femme,

Daignez nous mettre au fait.
        LAURETTE.
Il faut être l'époux,
    De celle dont l'ensemble ,
    En tout point me ressemble ,
    Dès ce soir épousez-vous ,
    Ou craignez mon courroux.

SCENE XIII.

Les Acteurs précédents, **EMILIE** *en habit de Magiciene.*

EMILIE.

Hola ! palissez ,
    Fremissez ,
D'un projet detestable ,
D'un tour abominable,
Qui va se découvrir ,
Tout doit s'évanouir.

LAURETTE.
Quel mot viens-je d'entendre !
Eh mais ! quel parti prendre,
Dieux ! quel triste avenir.

EMILIE.
Il faut se rendre ;
Craignez de vous défendre.
Ce mystere ,
Je l'espére ,
Va donc se découvrir.

DEMOPHON ET LÉANDRE.
Ce que je viens d'entendre ,
Ne saurait se comprendre ,
Tout va se découvrir ;
Je tremble . . . je frissonne ,
Ma force . . . m'abandonne ;
Mais , mais , c'est un mystere ,
Qui va se découvrir.

EMILIE.
Qu'on punisse la coupable.

LÉANDRE.
Que je suis misérable !

DEMOPHON ET LÉANDRE.
La paix soit parmi vous ;
Calmez ce grand courroux ;

EMILIE.
Traîtresse !
Diablesse !
L'horreur saisit mon cœur.
O Ciel ! sois mon vengeur ;
L'horreur, dans mon cœur,
Augmente ma fureur ;
Cette panthere ;
J'étouffe de colere ,
Juste Ciel ! J'implore ta fureur !
Sois mon vengeur.

LAURETTE , DEMOPHON , LÉANDRE.
La détresse ,
Qui me blesse ;
L'horreur,
Saisit mon cœur :
Tout augmente ma frayeur.

D

> La terreur,
> Dans mon cœur,
> Augmente ma frayeur.

On éclaire un peu le Théâtre.

E M I L I E *ôtant son masque.*

Allons Mademoiselle , il n'est plus temps de feindre; j'ai entendu vos complots avec Pasquinos ; je vous ai dévancé , afin de vous prendre sur le fait, & vous confondre. J'avais donné des ordres , pour qu'on s'emparât de sa personne , dès que ces Messieurs seroient entrés ; vous allez le voir , entrez vous autres.

SCENE XIV.

Les Acteurs précédents , S I L V E S T R E , *tenu par quatre domestiques.*

L A U R E T T E , *à part.*

O Ciel ! mon Cousin , je suis perdue. (*elle leve son masque.*) E M I L I E.

Allons , Monsieur le fourbe , je veux apprendre de vous-même , qui vous a porté à commetre une action si noire.

S I L V E S T R E *à genoux.*

Helas! Madame , l'ambition de devenir riche. Je savois, même avant l'arrivée de ces Messieurs, le don qui leur avoit été fait par testament, & à quelles conditions ; je savois qu'avant cela , ils n'étoient pas trop fortunés , & qu'ils étoient pressés de jouir; dans la crainte qu'un coup de vent, ne vous jettât à la côte de Guinée; il m'est venu dans l'idée , de faire prendre votre nom à ma Cousine & de la présenter ; elle a eu le bonheur de plaire ; & le mariage eut été célébré , si vous fussiez arrivée deux jours plus tard. Avec des grands biens & votre figure, vous eussiez toujours eu des maris à choisir; au lieu que Laurette eut pu attendre encor bien long-temps. Pardonnez donc à l'artifice, que j'ai employé, pour travailler à ma fortune & à la sienne. Après tout , je ne suis pas le premier Cousin qui a cherché à se produire dans le grand monde , par l'entremise d'une Cousine.

E M I L I E   A   D E M O P H O N   E T   L É A N D R E
qui sont tous interdits.

Eh bien, Messieurs, que dites-vous à cela ?

D E M O P H O N.

En vérité, nous sommes pénétrés de tout ce qui vient
de se passer : ordonnez, & nous sommes prêts à souscrire
en tout point à votre volonté.

E M I L I E.

C'est comme je l'entend. (*au Notaire.*) Avancez,
Monsieur. (*à tous.*) J'exige de vous, que vous signiez
ceci, sans le lire, c'est mon contrat de mariage.

D E M O P H O N.

Nous sommes trop honteux de ce que nous avons fait,
pour ne pas réparer, par notre soumission, toutes nos
fautes passées.

LÉANDRE ET DEMOPHON *signent.*

E M I L I E   A   L A U R E T T E.

À vous, Mademoiselle.

L A U R E T T E *tremblante.*

Madame, j'obéis.

E M I L I E   A   S I L V E S T R E.

À Monsieur.

S I L V E S T R E *étonné, signe.*

Qu'est-ce que cela veut dire ?

E M I L I E.

A présent, je suis contente.

L É A N D R E.

Madame, notre mariage ne peut plus se différer, & je
désire . . .

E M I L I E.

Vous, Monsieur, point du tout ; je crois faire mon bonheur en vous refusant pour époux, & je prépare le vôtre,
en vous accordant celle, pour laquelle vous vous êtes
montré si passionné. Acceptez ma main, Demophon.

D E M O P H O N.

Ah, Madame, est-il possible ?

E M I L I E.

Oui, Demophon, votre gaieté, m'a dabord charmée, &
je pense qu'une femme, ne peut être que très-heureuse
avec vous.

D E M O P H O N.

Si vous le serez ? mon adorable, je vous en réponds ;
(*à Laurette*) ma foi, ma bru, j'oublie avec bien de plai-

sir vos folies , puis qu'elles me procurent **Madame** pour épouse. Je suis enchanté de tout ceci.

E M I L I E.

Et moi aussi.

L A U R E T T E.

Et moi aussi. Répétez Léandre.

L É A N D R E.

On me fait passer pour un sot , mais , il faut pourtant que je dise ; & moi aussi.

S I L V E S T R E   *sautant.*

Et moi aussi.

E M I L I E.

Vous avez raison ; car vous n'avez pas été oublié dans le contrat que vous avez signé. Vous devez recevoir cinquante coups de bâtons , pour présent de nôces.

D E M O P H O N.

Allons , Madame , grace entiere ; ne me réfusez pas cette faveur ; c'est la premiere que je vous demande.

E M I L I E *d'un air malin.*

Je vous l'accorde. Mais , permettez-moi donc, que pendant notre mariage , vous ne m'en réfuserez aucune.

D E M O P H O N.

Ah Madame, si je vous le promet.

L É A N D R E.

Crainte d'accident , ma chere belle-mere , permettez-moi, à l'égard de mon pere , de vous rappeller le vieux proverbe ; que promettre & tenir sont deux.

E M I L I E.

Cela me suffit.

C H Œ U R.

Oui , que dans cette journée ;

On célébre l'himenée ;

C'est un grand jour ,

C'est un beau jour.

L'allegresse ,

La tendresse ,

Se succédent , tour-à-tour.

Les plaisirs ,

Suivront sans cesse ,

Nos désirs.

Ah quelle ivresse !

Ils naîtrons de l'amour ;

Vive l'amour.

F I N.

www.ingramcontent.com/pod-product-compliance
Lightning Source LLC
LaVergne TN
LVHW022340170726
843503LV00008B/3456